品德學習系列

有愛心的小花鹿

葛翠琳　著

張蔚昕　圖

新雅文化事業有限公司
www.sunya.com.hk

品德學習 系列

《品德學習系列》系列故事感人，含豐富的寓意，可培養孩子有耐性、勇敢、有愛心、樂於助人、勇於學習和學會分享的良好品德，適合親子共讀。

當爸媽跟孩子閱讀《有愛心的小花鹿》後，可請孩子運用以下表格來給自己評分，以鼓勵孩子自我反思，促進個人成長。

我能做到：	我給自己的評分	爸爸媽媽的評分
愛惜玩具和圖書	👍👍👍👍👍	👍👍👍👍👍
愛護環境	👍👍👍👍👍	👍👍👍👍👍
愛護動植物	👍👍👍👍👍	👍👍👍👍👍
愛護身邊的人	👍👍👍👍👍	👍👍👍👍👍

本系列屬新雅點讀樂園產品之一，備有點讀和錄音功能，家長可另購新雅點讀筆使用，讓孩子聆聽粵普雙語的故事，更可錄下自己或孩子的聲音來說故事，增添親子共讀的趣味！

想了解更多新雅的點讀產品，請瀏覽
新雅網頁(www.sunya.com.hk) 或掃描右
邊的QR code進入 新雅・點讀樂園

如何配合新雅點讀筆閱讀本故事書？

• 啟動點讀筆後，請點選封面，然後點選書本上的故事文字或說話的人物，點讀筆便會播放相應的內容。如想切換播放的語言，請點選各內頁上的 粵 普 圖示，當再次點選內頁時，點讀筆便會使用所選的語言播放點選的內容。

• 如想播放整個故事，可用點讀筆點選**以下圖示**來操作：

如何製作**獨一無二**的點讀故事書？

爸媽和孩子可以各自點選以下圖示，錄下自己的聲音來說故事啊！

1️⃣ 先點選圖示上**爸媽錄音**或 孩子錄音 的位置，再點 OK，便可錄音。

2️⃣ 完成錄音後，請再次點選 OK，停止錄音。

3️⃣ 最後點選 ▶ 的位置，便可播放錄音了！

4️⃣ 如想再次錄音，請重複以上步驟。注意每次只保留最後一次的錄音。

爸媽請使用
這個圖示錄音

孩子請使用
這個圖示錄音

序

　　在競爭劇烈的社會裏，「贏在起跑線」的概念似已深植家長心中，可是現時幼童的學術培育往往遠超品德培育。市面上充斥着各式各樣甚具系統和規模的學術課程，惟品德教育欠缺有系統的教材及課程，家長想為幼童進行品德教育也常感到無從入手。幼童的理性分析能力及同理心需要經驗的累積，以及要成人在旁輔導及分析，協助幼童代入不同角色，並以不同立場分析事情。現今的幼童大多是家中獨子／女，學校又花大部分時間教導學術知識，家庭和學校這兩個幼童主要的生活圈均未有提供足夠機會，讓幼童學習及練習身分互換、體會他人的需要。幼童本身以自我為中心，能處處為他人設想除了是一種進階的思維能力發展外，更是一種生活習慣和態度，需要多練習至習以為常。

　　現今社會物質豐富，要讓幼童體會「無形」的快樂泉源：分享、承擔、互助及珍惜，很多時候需要家長特意製造相關機會或隨機教導幼童享受與他人共處及合作的過程。本系列圖書通過豐富的故事情節讓幼童代入不同的角色，了解不同角色對不同事物的詮釋、感受及責任，為孩子提供在羣體生活中所需的正向品德教育。

嚴沛瑜 博士
英國心理學會註冊心理學家

在森林舉辦的智力大賽中，
小花鹿遇到了一些小意外，
這到底是什麼事呢？

qīng fēng chuī　　shù yè huā huā de xiǎng　　shēn shān li
清風吹，樹葉嘩嘩地響，深山裏

hǎo rè nao
好熱鬧。

dà xiàng gē　ge yǎng zhe cháng bí　zi zǒu lái le
大象哥哥仰着長鼻子走來了。

7

shī zi lǐng zhe dà huǒr　pǎo lái le
獅子領着大夥兒跑來了。

8

kǒng què dài zhe huǒ bàn men
孔雀帶着伙伴們

fēi lái le
飛來了。

11

12

小蟲兒排成一條彎彎曲曲的長隊緩緩而來了。在盛大的節日裏，森林裏將舉行一場智力比賽！

xiǎo mì fēng dài biǎo kūn chóng cān jiā bǐ sài
小蜜蜂代表昆蟲參加比賽，

tā jué de hěn guāng róng
他覺得很光榮。

小燕子是小鳥隊的代表，
她聰明又伶俐，朋友們對她很
有信心。

15

粵 粵語　普 普通話

16

野牛哥哥囑咐參賽的小花鹿：

「你要機靈點兒。」羚羊鼓勵他：

「你一定能得勝。」斑馬對他說：

「小小的昆蟲和飛鳥，不必把他們放

在眼裏。」小花鹿只睜大眼睛聽着，

什麼也沒說。

大象哥哥主持比賽，他微笑着宣布

比賽開始：「各位，現在我出題目，你們

自己去尋找答案。日落的時候，請回答

我：世上最美的是什麼？」

18

小蜜蜂飛出了森林，來到百花盛開的深谷。呀！花兒朵朵，紅的、黃的、紫的，花兒真美呀！

20

「請送給我一片花瓣好嗎？」

小蜜蜂向深谷裏的花叢問道。

「請收下我們的禮物。」花兒

們捧出自己鮮豔的花瓣。

21

小燕子飛過一座座山峯，汗水把她的羽毛都弄濕了。一路上所有的鳥兒都為她歌唱，鼓勵她向前飛去。

23

小花鹿在陡峭的險峯
上奔跑。突然，他聽到跌
進山澗的小兔發出的呼
救聲。小花鹿歷盡艱
辛救出了小兔，汗水
和泥水把小花鹿變
成「小水鹿」了。

26

小花鹿剛把小兔送回家，又見小刺蝟不小心從山崖上跌落下來。為了接住小刺蝟，小花鹿摔破了腿和腳，刺蝟的尖刺還扎破了小花鹿的臉。

太陽下山了，留下一片晚霞。

遠山模糊了，森林裏變暗了。

小蜜蜂和小燕子早飛回來了。

小花鹿呢？他在哪兒？

yuè liang lòu chū xiào liǎn　　xīng xing zhǎ dòng
月亮露出笑臉，星星眨動

zhe yǎn jing　　xiǎo huā lù yì qué yì guǎi de huí
着眼睛，小花鹿一瘸一拐地回

lái le　　tā mǎn shēn ní wū　　liǎn shang yí piàn
來了。他滿身泥污，臉上一片

piàn xuè jì　　dà jiā jīng yà de kàn zhe tā
片血跡。大家驚訝地看着他。

dà xiàng gē ge wèn xiǎo mì fēng 、 xiǎo yàn zi hé
大象哥哥問小蜜蜂、小燕子和

xiǎo huā lù ： 「 qǐng nǐ men gào su wǒ ， shì shàng zuì
小花鹿：「請你們告訴我，世上最

měi de shì shén me
美的是什麼？」

小蜜蜂跳起舞來，舉着美麗的
花瓣說：「世上最美的是顏色。」

xiǎo yàn zi shān dòng zhe chì bǎng
小燕子扇動着翅膀

shuō shì shàng zuì měi de shì hǎo
說：「世上最美的是好

tīng de gē shēng
聽的歌聲。」

xiǎo huā lù nán wéi qíng de dī xià le tóu

小花鹿難為情地低下了頭，

xiǎo shēng shuō　　　wǒ zhǐ xiǎng zhe xiǎo tù hé xiǎo cì

小聲說：「我只想着小兔和小刺

wei de shāng kuài diǎn hǎo　　méi yǒu qù zhǎo zuì měi de

蝟的傷快點好，沒有去找最美的

dōng xi

東西。」

大象哥哥把小花鹿摟進懷裏，親切地說：「你有一顆充滿友愛、善良的心，這就是最美的。」大家熱烈地拍起手來。樹葉滴下激動的眼淚，變成一顆顆晶瑩的露珠。

粵 普
粵語 普通話

小朋友，你認為
世界上最美的是什麼呢？

40